AF501589

EDICT DV ROY POVR LE RACHAPT ET REVENTE DE TOVS

Greffes Ciuils, Criminels & des presentations, affirmations & insinuations, en tous les Cours & Iurisdictions de ce Royaume : ensemble des places de Clercs, Tabellionnages, droicts de parisis, de petits seaux, doublemens d'iceux & des presentations, cy deuant vendus & engagez, à faculté de rachapt perpetuel.

A PARIS,
Chez F. MOREL, & P. METTAYER, Imprimeurs & Libraires ordinaires du Roy.

M. DC XVI.

Auec priuilege de sa Maiesté.

EDIT DV ROY POVR LE rachapt & reuente de tous Greffes Ciuils, Criminels & des presentations, affirmations & insinuations en toutes les Cours & Iurisdictions de ce Royaume, ensemble des places de Clercs, Tabellionnages, droicts de parisis, de petits seaux, doublemens d'iceux, des presentations cy deuant vendus & engagez à faculté de rachapt perpetuel.

LOVIS PAR LA GRACE DE DIEV, ROY DE FRANCE ET DE NAVARRE. A tous presens & aduenir, Salut : Nous auons assez faict cognoistre par le traicté de paix n'agueres faict à Loudun, le grand desir que nous auions du repos general de nos subiects, pour n'auoir espargné chose quelconque qui despendist de nous, afin de donner contentement à tous ceux qui s'en estoient eslongnez, la pluspart pour la consideration de leurs propres interests, desquels nous auons eu vn soing si particulier, que les frais de la guerre & l'execution dudit traicté ont entierement espuisé le fonds de nos finances, au remplacement duquel nous pensions à bon escient, afin de remettre nos affaires en ordre auec la paix, laquelle nous tenions asseurée, quand par vne speciale grace de Dieu, nous auons eu aduis des pernicieux desseings, de ceux lesquels outre le deuoir qu'ils nous ont, comme à leur Roy & Souuerain Seigneur, apres les y auoir encores obligez par toutes sortes de biens faicts & bons traictemens, continuent d'entre prendre de nouueau contre nostre authorité & seruice : A quoy nous auons grande occasion de pourueoir de bonne heure, & d'essayer de preuenir leurs mauuaises intentiõs. Ce que ne pouuans faire sans vn notable secours d'argent, le fonds de nos finances estant, comme dit est, espuisé. Nous sommes contraints en ceste si vrgente necessité, en laquelle il s'agist du salut de nostre personne & de nostre Estat, à la conseruation desquels tous nos bons subiects sont estroictement & particulieremẽt obligez de rechercher des moyens extraordinaires, dont nous ayans esté faictes plusieurs ouuertures & propositions, entr'autres celuy de la reuente de tous les Greffes Ciuils, Criminels, & des presentations, affirmations & insinuations & places de Clercs, droicts de parisis, petits sceaux, doublemens d'iceux, & desdites presentations & Tabellionnages, lesquels ont esté cy-deuant vendus & engagez, à faulte de rachapt perpetuel a esté trouué le moings onereux à nos subiects, pour estre libre & volontaire & sans augmentation des droicts qui y sont attribuez, n'y a aucune charge de finance sur nous n'y sur nos subiects, & tel toutesfois que nous pouuons attendre secours de ceste part, d'vne bonne somme de deniers. A CES CAVSES apres auoir faict meuremét deliberer de cest affaire en nostre Conseil, où estoient la Royne nostre tres-honorée Dame & Mere, aucuns Princes de nostre sang, autres Princes, Seigneurs & notables personnages de nostredit Conseil, De l'aduis d'iceluy & de nos propre mouuement, plaine puissance & authorité Royale, Auons par cestuy nostre present Edict perpetuel & irreuocable, dict, statué & ordonné, disõs, statuons & ordonnons, voulons & nous plaist, que tous Greffes, tant Ciuils que Criminels, & des presentations, affirmations & insinuations, ensemble les Clercs desdits Greffes, soit en nos Cours de Parlemens, Chambres des Comptes, grand Conseil, Cours des Aydes, Thresoriers generaux de France, Cour des Monnoyes, Requestes du Palais & de nostre Hostel, Chambre du Thresor, Eauës & Forests, Sieges Presidiaux, Bailliages, Seneschaussées, Preuostez, Eslections, Greniers à sel, Gruyries, Mareschaussees, Admiraultez, Iuges Consuls, & autres Iurisdictions Royales, & Tabellionnages, droicts de parisis, de petits seaux, doublemens d'iceux, & desdites presentations cy-deuant vendus par nous & par nos predecesseurs Roys, & engagez à faculté de rachapt perpetuel, à quelques perſonnes que ce ſoit, ſeront par nous retirez & racheptez, & iceux auōs des à preſent reunis & incorporez à noſtre Domaine, auec les droits proffits & emolumens y attribuez par les Edicts de creation & eſtabliſſement d'iceux, & les reglemens ſur ce faicts, Deſquels Greffes, Clercs d'iceux, auec ledit droict de pariſis, ioinct & vny & doublemẽs deſſuſdits, ſera faict rachapt & rembourſement aux acquereurs & poſſeſſeurs d'iceux, dont ils ſeront actuellement rembourſez, auant qu'en eſtre depoſſedez, pour eſtre de nouueau vendus & adiugez à faculté de rachapt perpetuel, par les Commiſſaires qui ſeront à ce par nous commis & deputez, les ſolemnitez en tel cas requiſes & accouſtumées gardées & obſeruées. Et ou ledit droict de pariſis & doublemẽs deſdits petits ſceaux & preſentations

auront

auront esté vendus separement d'auec lesdits Greffes, Clercs d'iceux, seaux, & Tabellionnages & ne se trouueroient personnes qui les encherissent ensemblement auec ledit parisis, & doublement desdits petits sceaux & presentations, lesdits droicts de parisis & doublemens desdits petits sceaux & presentations, seront reuendus separement. Pour estre les deniers qui prouiendront desdites reuentes, payez par les acquereurs és mains de celuy qui sera par nous commis à la recepte d'iceux, & par luy en nostre Espargne, & employez par le Thresorier de nostredite Espargne aux effects dessusdits, ainsi qu'il luy sera par nous ordóné & commandé. Voulás que les contracts qui seront passez par lesdits Commissaires soient de telle force & vertu, cóme s'ils estoient passez en nostre Conseil, & que les acquereurs desdits Grefſes, Clercs d'iceux, auec ledit pariſis, petits ſeaux & doublemés deſſuſdits, ioincts & vnis ou reuendus ſeparement, ſoient mis en poſſeſſion de leurs acquiſitions, en vertu deſdits contracts & quittances du payement qu'ils auront faict, pour en iouyr par leurs mains comme de leur vray & loyal acqueſt, Leſquels contracts nous auons des à preſent comme pour lors, validez & authoriſez, validons & authoriſons par ces preſentes, ſans que les nouueaux acquereurs ſoient tenus à autres charges quelconques, que celles portées par les contracts des premieres alienations, & que leſdits acquereurs puiſſent eſtre aucunement empeſchez, ſoit par reduction de deniers à rente ou autrement, en quelque ſorte & maniere que ce ſoit, ny depoſſedez, ſinon en les rembourſant actuellement de leurs deniers : Voulons & ordonnons aussi que les precedens acquereurs soient comme dit est, remboursez des deniers par eux actuellement payez en nos coffres & tournez à nostre proffit, auant qu'en estre depossedez. SI DONNONS EN MANDEMENT, à nos amez & feaux Conseillers les Gens tenans nos Cours de Parlement, Chambres de nos Comptes & Cours des Aydes, que ces presentes ils facent lire, publier & registrer, garder, obseruer & entretenir inuiolablement de poinct en poinct, selon leur forme & teneur, sans y contreuenir ny souffrir y estre contreuenu en aucune maniere. CAR tel est nostre plaisir, Nonobstãt tous Edicts, Ordõnances & choses à ce contraires, ausquelles & aux derogatoires des derogatoires y contenuës, nous auons de nos mesmes puissance & authorité, derogé & derogeons par cesdites presentes,

Aufquelles á fin que ce foit chofe ferme & ftable à toufiours, nous auons faict mettre noftre feel, fauf en autres chofes noftre droict & l'autruy en toutes. DONNE' à Paris, au mois de Septembre l'an de grace, mil fix cens feize. Et de noftre Regne le feptiefme.

Signé, LOVIS.

Et fur le reply, Par le Roy.

Signé, DE LOMENIE.

Et à cofté Vifa.

Et feellee du grand feel de cire verte, fur double queuë en foye rouge & verte.

Et sur ledict reply est escrit.

Leu publié & registré, ouy & ce requerant le Procureur general du Roy, ordonne que coppies collationnées seront enuoyées aux Bailliages & Seneschaussées, pour y estre semblablement leuës, publiees & registrees, gardé & obserué selon sa forme & teneur, se reseruant le Roy, sur la requisition faicte par son Procureur general, pour raison des Greffes Ciuils & Criminels de ladicte Cour, de pouruooir ainsi qu'il verra estre à faire. A Paris en Parlement le Roy y seant le septiesme Septembre, mil six cens seize.

Signé, *DV TILLET.*

Et à costé est encores escrit.

Leu, publié & registré semblablement en la Chambre des Comptes, ouy & ce requerant le Procureur general du Roy, à la reseruation toutesfois des Greffes subiects & compris à la condition des seize années ou autre moindre temps, & sans preiudice de l'Edict & Declaration du Roy pour l'erection en titre d'office des Greffes des Thereso-

riers generaux de France, & à la charge que celuy qui sera commis à la recepte de la reuente desdits Greffes ne pourra s'immiscer en l'exercice d'icelle, qu'au prealable il n'ayt faict enregistrer sa Commission en icelle Chambre, & que les deniers prouenans de ladicte reuente seront employez en la despence de la guerre, suyuant l'arrest de ce fait le 27. iour de Septembre 1616.

Signé, BERTHELIN.

Et à costé est escrit.

Leu, publié & registré par le commandement du Roy, porté par Monsieur le Comte de Soissons, assisté des Sieurs de Themines Mareschal de Frãce, de Chasteau-neuf, de Pontcarre, & Ieannin, Conseillers au Conseil d'Estat de sa Maiesté: Ouy ce consentant le Procureur General dudict Seigneur. Faict à Paris en sa Cour des Aydes, les Chambres assemblees, la seiziesme iour de Decembre, l'an mil six cens seize.

Signé, BERNARD.

VEV par la Chambre les lettres patentes du Roy en forme d'Edict, donnees à Paris au mois de Septembre dernier, Signees, Louys. Et sur le reply, Par le Roy, De Lomenie. Par lesquelles & pour les causes y contenuës, sa Maiesté ordonne, veut & luy plaist, que tous Greffes tant Ciuils que Criminels, & des presentations, affirmations & insinuations, ensemble les Clercs desdicts Greffes, soit en ses Cours de Parlements, Chambres des Comptes, grand Conseil, Cours des Aydes, Thresoriers Generaux de France, Cour des Monnoyes, Requestes du Palais & de son Hostel, & autres y declarez cy deuant vendus & engagez à faculté de rachapt perpetuel, à quelques personnes que ce soit, soient retirez & racheptez, & iceux reünis & incorporez à son Domaine, auec les droicts, profits, reuenus & esmolumens y attribuez, ainsi que plus au lóg le contiennent lesdictes lettres, registrees en la Cour de Parlement, le Roy y seant le septiesme dudict mois. L'arrest de ladite Chambre du vingt-deuxiesme d'iceluy mois, par lequel elle auroit declaré ne pouuoir entrer en la verification d'icelles. Autres lettres patentes du Roy donnees audict Paris le vingt troisiesme ensuiuant, signees comme les precedentes, contenant iussion & mandement tres exprés à ladicte Chambre de proceder à la verification des precedentes, selon leur forme & teneur. Autre arrest du vingtseptiesme ensuiuant, par lequel elle auroit ordonné ledict Edict estre leu, publié & registré, à la reserue toutesfois des Greffes subiects & compris à la cõdition des seize annees ou autre moindre temps, & sans preiudice de l'Edict

& De-

& Declaration du Roy, pour l'erectiõ en tiltre d'office des Greffes des Thresoriers Generaux de France, & à la charge que celuy qui seroit commis à la recepte & vente desdits Greffes, feroit registrer sa commission, & que les deniers qui prouiendroient d'icelle reuente seroient employez à la despense de la guerre. Autres lettres patentes signees comme les precedentes donnees à Paris le dernier iour dudit mois de Septembre, contenant autre iussion & mandement tres-expres à ladite Chambre de proceder à la verification pure & simple dudit Edict, sans y apporter autre restrinction que celle pour les charges des Greffiers desdicts Thresoriers de France, restablis par Edict du mois de Septembre, mil six cens treize. Arrest sur icelles du quatriesme de ce present mois, par lequel elle auroit ordonné que le precedent dudict vingtſeptieſme Septembre dernier tiẽdroit. Autres lettres patentes du douzieſme de cedict preſent mois, auſſi ſignees comme les precedentes, contenant iuſſion & mandement tres-exprés à ladite Chambre de proceder à la verification pure & ſimple dudict Edict, pour eſtre leſdicts Greffes, Clercs d'iceux vendus à ladicte faculté de rachapt perpetuel. Arreſt ſur icelles du quatorzieſme dudit preſent mois, par lequel elle auroit de rechef ordonné que les precedens tiendroient. Autres lettres patẽtes du Roy dõnees à Paris le dix neufieſme iour de cedict preſent mois, ſignees comme les precedentes, contenant autre iuſſion & mandement tres exprés à ladite Chãbre, que toutes affaires ceſſãtes & poſtpoſez, elle euſt incontinent à proceder à l'enregiſtrement pur & ſimple dudict Edict du mois de Septembre dernier, ſans plus y vſer d'aucun refus, reſtrinction, modification ou difficulté, soubs quelque cause ou pretexte que ce soit, ny s'arrester à la reseruation par elle faicte de ceux qui estoient entrez au party desdites seize annees: Sauf à pourueoir par sa Majesté à ce qui pourroit concerner son indemnité, ainsi qu'il seroit iugé iuste & raisonnable: n'entendant toutesfois y comprendre les Greffes des Thresoriers de France creez en tiltre d'office, par Edict verifié par ladicte Chambre. Enioignant à son Procureur General y tenir soigneusement la main. Conclusions du Procureur General du Roy, & tout consideré. LA CHAMBRE du tres-expres commandement du Roy par plusieurs & diuerses fois reïteré, a ordonné & ordonne que les modifications interuenuës sur la verification dudit Edict, par son Arrest du vingt-septiesme Septembre, & autres en consequence d'iceluy, seront leuees pour estre iceluy Edict executé selon sa forme & teneur. Que sa Maiesté sera suppliee que le Greffe & places de clercs de ladicte Chambre, pour l'importance & consequence d'iceluy, ne soit mis en reuente : Que les Greffiers d'icelle en faisant vn supplément moderé, qui leur tiendra lieu d'augmentation de finance, iouyront de l'effect & contenu dudit Edict : Que les deniers procedans desdictes reuentes seront employez aux effects de la guerre & non ailleurs, à peine de repetition contre les ordónateurs Tresoriers de l'Espargne, extraordinaire des guerres, parties prenantes, vefues & heritiers, en cas de diuertissement, & à ceste fin lesdicts Tresoriers de l'Espargne extraordinaire des guerres, & tous autres qui en auront le maniement, feront en leurs Comptes chapitre à part & separé, tant en recepte que despence desdits deniers : Que le present Arrest leur sera signifié à la diligence du Procureur General, & que celuy qui sera cõmis à ladite recepte ne pourra s'immiscer en l'exercice d'icelle, qu'au preàlable il n'ait faict enregistrer sa commission en icelle Chambre. Faict le vingt-sixesme iour d'Octobre, mil six cens seize, & prononcé audict Procureur general du Roy en son Parquet ledict iour. Et plus bas est escript, Extraict des registres de la Chambre des Comptes.

Signé, BERTHELIN.

LOVIS PAR LA GRACE DE DIEV ROY DE FRANCE ET DE NAVARRE. A nos amez & feaux Conseillers en nos Conseils d'Estat & Priué, les Sieurs de l'Aubespine, le Camus, Ieannin : & à nos aussi amez & feaux Conseillers en nosdits Cōseils & Intendans de nos Finances, les Sieurs de Maupeou, Arnauld, Duret, & de Castille, Salut. Comme le principal & le plus asseuré secours que nous puissions attendre pour subuenir à l'vrgente necessité de nos affaires, & à partie du payement & solde des gens de guerre, que nous sommes contraincts tenir sur pied pour quelque tēps, outre les garnisons ordinaires, afin de conseruer le repos en nostre Estat, & nous opposer plus promptement aux desseins de ceux qui auroient volonté de troubler, doit prouenir de la vēte & reuente, à faculté de rachapt perpetuel, des Greffes, places de Clercs & parisis d'iceux, Seaux & Tabellionnages. Nous sommes aussi obligez d'auoir vn soin particulier d'employer des personnes pour proceder ausdictes ventes & reuentes, qui par leur experience & capacité, affection & fidelité à nostre seruice, nous facent receuoir en bref tout le profit & vtilité qui nous en doit reuenir en toutes les Prouinces de nostre Royaume. Et ne pouuans faire meilleur choix que de vous pour l'entiere cognoissance que nous auōs de vos loüables qualitez&merites: A CES CAVSES & autres bonnes & iustes considerations à ce nous mouuans, Nous vous auons commis & deputez, commettons & deputons par ces presentes signées de nostre main, pour ensemblement ou trois de vous en l'absence des autres, proceder à la vente & reuente, à faculté de rachapt perpetuel, de tous les Greffes Ciuils, Criminels, & des presentations, affirmations, insinuations, submissions, conuentions, places de Clercs & parisis, doublement desdictes presentatiōs, seaux, notariats & Tabellionnages tant de nos Cours de Parlemēs, Chambres de nos Comptes, Grand Conseil, Cours des Aydes, Requestes du Palais, Cours des Monnoyes, Preuosté de nostre Hostel, Chambre du Thresor, Connestablie, Mareschaussee, Admiraulté, maistrises des ports, Bureaux des Thresoriers de nostre Domaine, Dioceses, Bailliages, Seneschaussees, Sieges Presidiaux, Vigueries, Comtez, Vicomtez, Eauës & Forests, Eslections, Greniers à sel, Consuls des villes, Iuges, Consulats des marchands, decimes & clameur, que generallement de toutes les iustices & iurisdictions royales de nostre Royaume, seaux, notariats & Tabellionnages dependans de nostre Domaine, & reünis à iceluy par nos Edicts du mois de Septembre dernier passé, que nous aurions addressez à nosdictes Cours souueraines, pour chacun endroict soy proceder à leur enregistrement. Et pour l'execution de vostre presente commissiō, vous vous assemblerez dans nostre Chasteau du Louure en la Chambre de nostre Cōseil, pour là, aux iours & heures que iugerez les plus commodes trauailler auec soin, diligence, & assiduité, à receuoir les encheres, tiercemens ou doublemens desdictes encheres, qui seront mis outre & par dessus les sommes à quoy vous aurez liquidé les engagemens des proprietaires ou possesseurs, & leurs fraiz & loyaux cousts, puis les formes & solemnitez en tel cas requises, gardees & obseruees. Proceder aux adiudications des choses susdictes qui seront encheries au plus offrāt & dernier encherisseur, à la charge de payer par les adiudicataires & acquereurs, outre les prix principal de leur adiudication deux sols pour liure de toutes les encheres, tiercemens ou doublemens qui seront mis pardessus le prix & liquidatiō desdicts

dicts engagemens, & de bailler & deliurer leurs deniers dans trois iours apres ladite adiudication és mains de celuy qui sera par nous commis à la recepte & maniemẽt des deniers prouenans desdictes vente & reuente sur ses simples quictances. Et à faute de ce faire sera procedé à la reuente de ce qui leur aura esté adiugé à leur folle enchere, & contraincts au payemẽt d'icelle, és mains dudit Commis, par les voyes ordinaires & accoustumées pour nos deniers & affaires. Et sur lesdites quittances seront par vous passez & deliurés ausdits adiudicataires contracts de vente & engagement des choses par vous à eux adiugées, & declarées par lesdites quittances, pour en vertu d'iceux & de nosdicts Edicts estre mis en possession & ioüissance, par nos Officiers desdictes Cours & Iurisdictions qu'il appartiendra, & les tenir & posseder sous les conditiõs à plein declarées en nosdits Edicts. VOVLONS aussi qu'il soit par vous procedé à la liquidation des sommes qui doiuẽt estre rẽboursees aux proprietaires ou possesseurs desdits Greffes, Clercs, parisis d'iceux, seaux, notariats & tabellionnages, tãt pour le principal de leurs engagemens que fraiz & loyaux cousts, sur les tiltres & contracts, en vertu desquels ils sont en possession & iouïssance, que leur ordonnõs de vous representer dans le temps que leur prescrirez. Et suiuant ladicte liquidation, & auant que d'estre depossedez, estre remboursez actuellement, & à vn seul payement par ledict Commis à ladite recepte sur vos ordõnances, en rapportant les contracts, quittances & autres tiltres y declarez necessaires pour nostre descharge & celle dudict commis enuers nous, à la reddition de ses comptes. Et où il arriueroit quelques saisies ou arrests sur lesdits anciens possesseurs, qui luy empeschast de faire leur remboursement, nous voulons que les deniers demeurent en ses mains; comme depositaire de biens de iustice, pour les payer selon & ainsi que par iustice en sera ordonné, à ceux qui seront porteurs des tiltres & contracts qui nous chargent enuers lesdicts anciens possesseurs. Et de vos ordonnances pour la liquidation dudict remboursement: comme aussi où aucuns desdicts anciens possesseurs seroient refusans ou dilayans de receuoir les sommes que vous aurez liquidées & arrestées pour leurdict remboursement. Nous voulons estre icelles deposées & consignées par ledict Cõmis à ladite recepte au Greffe de vostre commiſſion. Et qu'en rapportant par ledict nouueau adiudicataire, ſçauoir en cas des ſuſdites ſaiſies, vn acte de vous cõtenant la declaratiõ faicte d'icelles par ledict commis, & audict cas de conſignation copie de l'acte d'icelle, ſignée par voſtredict Greffier, nous voulons & entendons que ledict nouueau adiudicataire ſoit mis en plaine poſſeſſion & iouyſſance de la choſe que luy aurez adiugée, nonobſtant oppoſitions ou appellations quelsconques. Et d'autant que pour faciliter & aduancer l'execution de noſdicts Edicts, il ſera beſoin de faire la vente & reuente de pluſieurs deſdicts greffes, Clercs & pariſis d'iceux, ſeaux, Notariats & Tabellionages en diuers endroicts de noſtre Royaume, ſur les lieux. Nous vous auons donné & donnons pouuoir par ceſdictes preſentes de commettre & ſubdeleguer, tels de nos officiers des lieux ou autres que vous aduiſerez bon eſtre, auſquels vous donnerez pareil pouuoir que vous, de proceder auſdictes ventes & reuentes, & ordonner des rembourſemẽs des proprietaires & poſſeſſeurs, ſelon les memoires & inſtructions qui leur ſeront ſur ce par vous baillées. Voulons, que ce qui ſera par vous & eux faict en vertu de ceſdictes preſentes ſoit executé, nonobſtant oppoſitions ou appellations quelsconques, & ſans preiudice d'icelles, la cognoiſſance deſquelles nous auons interdicte & deffenduë à toutes nos Cours & autres Iuges quelsconques, & dés maintenant comme pour lors euoquée à nous & à noſtre Conſeil, pour y eſtre iugées diffinitiuement & en dernier reſſort, & pour ſeruir de Greffier ſous vous en l'execution de voſtredicte commiſſion, Nous auons commis & deputé, commettons & deputons par ceſdictes preſentes noſtre amé feal Conſeiller & Secretaire Maiſtre Guichard Deageant, auquel nous auons auſſi donné pouuoir de commettre & ſubdeleguer perſonnes capables pour ſeruir de Greffiers ſous voſdicts ſubdeleguez, les fraiz, ſalaires & vacations deſquels Commiſſaires ſubdeleguez, Greffiers, Huiſſiers, Sergens, Meſſagers & autres qui ſerōt employez pour l'execution des preſentes & de vos commiſſions addreſſées à voſdits ſubdeleguez, ſeront par vous taxez & arreſtez, & payez par ledict Commis à ladicte recepte, en vertu de vos ordonnances qui luy ſeruiront auec les quittances des parties prenantes d'acquict valable, & generalement faire pour l'execution de noſdicts Edicts tout ce que verrez eſtre à faire par raison, pour le bien & vtilité de nos affaires & seruice. DE CE FAIRE vous auons donné & donnons plein pouuoir, auctorité, commission & mandement special, validant & auctorisant toutes les ordõnances, contracts & autres actes qui seront par vous faicts & donnez; que nous voulons & entendons estre de tel effect, force & vertu que si ils estoient faicts & donnez en nostredict Conseil: & pour ce executez par toutes les Prouinces de nostredict Royaume, nonobstant oppositions ou appellations quelsconques & sans preiudice d'icelles, la cognoissance desquelles nous auons comme dict est interdicte & deffenduë à toutes nosdites Cours & autres Iuges quelsconques, & icelle reseruée à nous & à nostredict Conseil. PROMETTANS en foy & parole de Roy auoir pour agreable & tenir ferme & stable tout ce qui sera par vous & vosdicts subdeleguez, faict, geré & negotié pour l'execution de nosdicts Edicts en vertu de cesdictes presentes. MANDONS & commandons à tous nos officiers, iusticiers & subiets qu'à vous & vosdits subdeleguez, en ce faisant soit obey, prestẽt & donnent assistance mainforte & prison si mestier est, & requis en sont & à tous Huisſiers ou Sergens, faire en vertu de voſdicts Iugements, ordonnances & contrainctes & de celles de voſdicts ſubdeleguez, toutes ſignifications, commandemens, contrainctes, & autres exploicts neceſſaires ainſi qu'il leur ſera mandé par iceux, ſans demander aucun placet, viſa, ne pareatis que ceſdites preſētes. Nonobſtant comme deſſus & quelsconques Arreſts Ordonnāces, Clameur de haro, Chartre Normande, priſe à partie & autres lettres à ce contraires. Et pource que de ceſdictes preſentes on pourra auoir affaire en pluſieurs & diuers lieux, Nous voulons qu'à la coppie d'icelles deuëment collationnée par l'vn de nos amez & feaux Conſeillers Notaires & Secretaires, ou faicte ſoubs ſeel Royal: foy ſoit adiouſtée comme au preſent original. Car tel eſt noſtre plaiſir. Donné à Paris le vingt-huictieſme iour de Nouembre l'an de grace mil ſix cent ſeize. Et de noſtre regne le ſeptieſme. Signé Lovys. Et plus bas, Par le Roy, Delomenie. Et ſeellée du grand ſeau de cire iaune ſur ſimple queuë. Et à coſté deſdictes lettres eſt eſcript, Les preſentes ont eſté de l'ordonnance de Meſſieurs les Commiſſaires ſuſnommez, enregiſtrées au Greffe de la Commiſſion, par moy Conſeiller &

Secretaire du Roy, & Greffier Commis à la-dicte Commission à Paris, le cinquiesme iour de Decembre mil six cens seize.

Signé, DEAGEANT.

www.ingramcontent.com/pod-product-compliance
Ingram Content Group UK Ltd.
Pitfield, Milton Keynes, MK11 3LW, UK
UKHW021930190726
13853UKWH00002B/965

9 782329 612843